Lb 4º
1389

DISCOURS
POUR
LA BÉNÉDICTION DES DRAPEAUX
DE
LA GARDE NATIONALE PARISIENNE,

Prononcé devant le District des Enfans-Rouges, le 16 Septembre 1789, & le lendemain devant celui de Saint Philippe du Roule.

Par M. l'Abbé BARRET.

A PARIS,

Chez
{
LE CLERE, rue S. Martin, à côté de celle aux Ours, n° 254.
DEBRAY, au Palais Royal.
Le Portier de la Communauté de S. Roch.
}

―――――――――

1789.

On trouve chez le CLERE, les Penſées choiſies des Sermons de Boſſuet, précédées de quelques réflexions ſur le caractere de cet Orateur, & des autres grands Prédicateurs de ſon ſiecle, 1 *vol. in-*12 de 500 pages, 3 l. relié.

DISCOURS

POUR

LA BÉNÉDICTION DES DRAPEAUX

DE LA

GARDE NATIONALE PARISIENNE.

Gaudium & lætitia invenietur ; gratiarum actio & vox laudis . . . . . . quia lex à me exiet.

On verra régner la joie & l'allégresse; on entendra des actions de graces & des louanges; parce que la Loi va sortir de moi.

Isa. Ch. li.

Graces immortelles vous soient rendues, ô mon Dieu. Après un silence de tant de siécles, vous vous êtes levé ; vous avez regardé en pitié des êtres opprimés; vous avez *soufflé sur des ossemens* [Ezech. C. 37.]

desséchés ; la nature a repris ses droits ; l'égoïsme a rougi de ses longs attentats, & mes freres régénérés *s'apperçoivent enfin qu'ils sont des hommes.*

Pseaume. 9.

Chrétiens, des jours purs vont donc succéder à tant d'orages. Levons, vers le Pere commun, nos têtes libres : ils sont brisés pour toujours, les fers qui asservissoient les fils de ces magnanimes FRANCS qui ont fondé cet Empire ; & nous pouvons, jusques dans nos Sanctuaires, chanter l'Hymne de la Liberté & le Cantique de la Paix. Le Cantique de la Paix ! Oui, mes freres, & ces Drapeaux & ces lances, & ces tubes destructeurs, & tout cet appareil des batailles qui remplit le saint Temple, n'annoncent rien d'effrayant ; ils ne menacent que les pervers qui oseroient attenter à votre sainte confédération, & offenser la majesté de la Patrie. Sans doute ce seroit blesser vos grands cœurs, généreux Citoyens, que de prétendre y exciter, dans ce moment, la flamme du Patriotisme. Elle sera consignée même dans les Annales de nos voisins, elle vivra dans tous les siécles, la gloire de ce dévouement qui, par un enthousiasme subit, a transformé en une armée de héros des Citoyens doux & paisibles. Le meilleur, & par conséquent le plus grand des Rois, s'est hâté de venir dissiper lui-même nos allarmes, & n'a voulu d'autres satellites que votre amour. Non, nous n'avons jamais calomnié sa tendresse ; & ces mots touchans : *Si le Roi le savoit !* ce cri de nos ames oppressées, qui a si souvent adouci le sentiment de nos malheurs, ont toujours repoussé de notre esprit toute inculpation injurieuse à son cœur. Nous lui sommes enfin connus. O François, ô mes freres, notre sensibilité n'est pas épuisée : nourrissons-la par des pensées encore plus dignes d'elle, & dans cette Fête guerriere mêlons les accens de la Religion aux transports du Patriotisme.

A la vue de ces troupes si subitement rassemblées, du héros magnanime qui les commande, & sur-tout du motif imposant qui les anime, quel profane pourroit ne pas s'écrier, comme ce Prophete, envoyé pour maudire le peuple Hébreu, mais qui obéit, en le bénissant, à une puissance supérieure : « Que tes » tentes sont belles, ô Jacob ! Que tes » pavillons sont admirables, ô Israël ! Le » Seigneur les a lui-même affermis, & Num. 24. » ta postérité se multipliera. » Mais sommes-nous ici pour nous complaire en nos propres forces, & la cérémonie qui nous rassemble ne seroit-elle, pour des Chrétiens, qu'un spectacle ? Portons plus haut nos pensées. C'est *le doigt de Dieu* qui a commencé ce grand ouvrage ; c'est lui seul qui peut le finir. Lui seul il souleve les flots, & lui seul il les appaise. Il appelle, tantôt les aquilons fougueux, &

Job. 35. tantôt les doux zéphirs, & les uns & les autres viennent lui dire : *Nous voici*. Il ouvre l'abîme, & il le ferme ; il

I. Reg. 2. conduit aux portes de la mort, & il en retire. A lui seul la gloire, quand il nous humilie ; à lui seul encore la gloire, quand il nous éleve. Venez donc, braves Légions, rangez, en actions de graces, autour de ses Autels, ces Drapeaux que la Patrie vous a confiés. Dieu ne veut voir sur la terre que des sujets soumis & reconnoissans ; il n'a prétendu y établir qu'un peuple de freres. Joignez aux Cantiques de la gratitude les hommages de la dépendance. Avec la protection du Dieu des combats, implorez aussi les bénédictions du *Prince de la Paix*; & en le remerciant du prodige que sa main puissante vient d'opérer en votre faveur, conjurez-le de bénir les précautions de votre sagesse, & le dévouement de votre zèle. Qu'ainsi l'Etre Suprême soit le suprême objet de vos pensées. Qu'on affecte aujourd'hui d'oublier les intérêts du ciel, & de prétendre soustraire la terre à sa dépendance; qu'on borne toutes les spéculations du génie, & tous les travaux de l'administration à cette vie d'un jour : ne nous en étonnons pas. L'impie qui a brisé la chaîne sacrée de la foi voudroit anéantir la vérité qui le presse, c'est-à-dire, le Dieu qu'il redoute. Malheureux ! ils ne voyent pas qu'ils vont laisser l'homme à des motifs aussi foibles que lui ; qu'en cessant de lui représenter la Religion & tout ce qui s'y lie, comme le seul intérêt véritable, ils mettent Dieu à une plus grande distance, & que par-là ils ôtent à ces sacrifices secrets, à ces dévouemens obs-

Isa. 9.

eurs, si souvent nécessaires à l'harmonie publique, un témoin digne d'eux. Fatal aveuglement, vertige déplorable que la VÉRITÉ, trop long-temps outragée par nos blasphêmes, semble, dans ses vengeances, avoir enfin soufflé sur nous. La savante Athènes, frappée des absurdités de sa mythologie, avoit pensé qu'il devoit exister un autre Dieu, supérieur à ceux qu'elle encensoit; elle le cherche; & désespérant de déchirer entiérement le voile qui le lui cache, elle l'adore sous le nom de Dieu inconnu, *ignoto Deo*. O honte de mon siécle! ce Dieu des Dieux que les sages du paganisme avoient reconnu, par le seul instinct de la raison, depuis quatorze siécles il s'est manifesté à la France; depuis quatorze siécles, il regne sur la saine partie de cet Empire: & on le repoussera comme un Protecteur impuissant, ou comme un témoin importun: & l'on paroîtra rougir de confesser publiquement que de lui seul peut venir l'esprit de lumiere & de conseil! Et l'on délibérera s'il faut mettre les droits de l'homme sous sa sauve-garde immortelle; c'est-à-dire, on délibérera si l'on ne doit pas laisser au vulgaire stupide le soin de reconnoître son influence, & d'implorer son secours! Politiques aveugles! Ils ne savent donc pas qu'aux yeux du peuple, le Législateur qui cesse un instant de recommander le respect pour la Religion, la décrédite, & frappe ainsi d'une mortelle inertie tous les ressorts de l'héroïsme (1)! Non, ce lan-

---

(1) Quand on voit Démosthène, Cicéron & plusieurs autres célèbres Orateurs de l'antiquité, commencer ou finir souvent leurs harangues par une invocation aux Dieux, protecteurs de la Patrie, on ne peut se défendre d'un sentiment de commisération pour les génies de ce petit siécle, qui craindroient de se ridiculiser en paroissant croire au Dieu de l'Evangile, ou d'être rangés dans la classe des *dévots*, s'ils lui parloient dans le style plus particuliérement consacré par l'Eglise. Dieu n'est pour eux que le *grand Etre*, *l'Etre des Etres*, &c. Ils affectent de ne lui donner jamais les titres qui, exprimant les rapports intimes que la religion nous donne avec lui, portent dans l'ame une émotion plus douce & plus consolante, sans offrir à l'esprit des images moins grandes.

Si la seule connoissance des principes & du véritable esprit du Christianisme ne suffisoit pas pour convaincre les Législateurs, de la nécessité de son influence, nous pourrions citer l'autorité, nongage n'est pas étranger à cette cérémonie. C'est parce que l'amour de la Patrie

seulement des plus sages & des plus profonds philosophes, mais encore de plusieurs de ses ennemis les plus fougueux. Ces derniers n'ont pu s'empêcher de lui rendre, dans des momens de naïveté, les témoignages les plus avantageux. « *Si* l'on ne joint » pas à l'exercice de la vertu, dit Bayle, (Dict. Art. » Brutus 2.) ces biens à venir que l'Ecriture pro- » met aux Fideles, on peut mettre l'innocence & » la vertu au nombre des choses sur lesquelles Sa- » lomon a prononcé son arrêt décisif. *Vanité des* » *Vanités ;* » & Machiavel qui, après avoir préconisé la liberté, *dans ses discours sur Tite-Live*, donna des armes au despotisme, dans *son Prince*, & professa par-tout le crime, dit formellement : « La Religion est le plus fort moyen d'exciter les » bons aux grandes choses, & de faire échouer les » pernicieux complots des méchans (Prince ch. 3.) ». Espere-t-on donner au patriotisme des motifs supérieurs aux Passions, faire revivre les vertus, conservatrices de l'ordre, & source du bonheur, en un mot, régénérer véritablement la France, si, au lieu de prêter à la Religion le secours qu'elle réclame, on affoiblit le respect des peuples pour ses dogmes & pour sa morale, essentiellement dépendante de ses dogmes ? On sait ce que peuvent les lois sans les mœurs, & ce que deviennent celles-ci lorsque les sentimens religieux perdent leur ascendant. Dira-t-on que la Religion dominante sera toujours embrase mon ame, que ma religion me devient plus chere. Et malheur à

---

consacrée comme Religion de l'Etat? Eh, grand Dieu! le plaisant moyen de la conserver, que d'ôter légalement le peu d'entraves qui pouvoient arrêter ou retarder la circulation des mauvais livres, & d'y substituer une loi qui ne punira l'audace de l'Ecrivain qu'après qu'il aura perverti ses lecteurs? Le plaisant moyen de la faire régner, que d'élever autel contre autel, & de faire croire à la multitude que la Vérité est donc divisible; que plusieurs religions également protégées sont également bonnes, & la conduire ainsi à des conséquences qui les anéantissent toutes? Quel moyen encore de propager la foi & les bonnes mœurs, que d'avilir dans l'esprit des peuples leurs ministres & leurs censeurs naturels? Sans doute que les richesses de l'Eglise étoient mal distribuées; mais à qui la faute? N'y avoit-il d'autre moyen de détruire l'abus, que de rendre impossible, pour l'avenir, le bien que cet abus empêchoit; c'est-à-dire, parce que le surplus de ces richesses, dû aux pauvres, servoit trop souvent à nourrir la mollesse & les vices, faut-il priver à jamais les pauvres d'un bien qu'ils partageoient plus qu'on ne pense, & l'abandonner aux riches, qui n'y avoient aucun droit? Réformateurs, certainement respectables dans vos motifs, craignez d'être, sans le vouloir, un peu despotes sous les drapeaux de cette liberté précieuse que nous allons devoir à votre sagesse & à votre fermeté. Flétrissez ces abus nous, si, jusques dans ces chaires, nous pouvions, vils Apostats, oublier le pre-

---

qui ébranlent depuis si long-temps la foi des foibles, & affligent celle des forts. L'Eglise, toujours pure, même au milieu de ses ministres les plus dépravés, applaudit à votre zèle, & vous bénit ; mais soyez justes. Environnez les premiers Pasteurs & leurs coopérateurs, de toute la considération, de tous les honneurs nécessaires au succès de leur ministere ; faites revivre ces Canons antiques, dont l'oubli a seul causé les scandales qui excitent vos justes reproches ; ces Conciles où le pervers placé, si j'ose ainsi dire, sous l'action de l'Esprit-Saint, comme le Prélat exemplaire, se condamne lui-même par les lois qu'il consent, & se voit ensuite forcé par elles. L'Eglise de France compte encore un grand nombre de chefs très-édifians ; ce nombre, il vous est facile de l'augmenter. Otez à l'intrigue, par des Réglemens sages & solides, l'espérance de ravir le prix des services & des vertus, vous n'aurez que de dignes Pasteurs ; & alors soyez sans inquiétude sur l'emploi des biens que la piété de vos ancêtres a remis en leurs mains, & non pas aux vôtres, pour être consacrés au service des Autels & au soulagement des pauvres. Je suis loin de vouloir offenser ici des hommes qui ont tant de droits à la reconnoissance de la Patrie ; mais si quelqu'un croyoit pouvoir se plaindre, qu'il se souvienne que le sage écoute toujours la vérité, & que l'on ne peut, aujourd'hui, sans devenir inconséquent, prétendre au droit D'ENCHAÎNER LA PENSÉE.

mier de nos devoirs, celui de vous faire entendre les oracles du Ciel ; malheur, malheur à vous, si vous rougissiez de les écouter ! Que vous apprennent donc, braves Citoyens, & la révolution heureuse dont nous sommes témoins, & cette cérémonie auguste, qui en est une suite ? Que tout vient de Dieu, que tout doit lui être rapporté ; « qu'en vain l'homme bâtit, si Dieu ne bâtit avec lui. » Psal. 126. Que ce n'est, après tout, ni le guerrier qui combat, ni l'intrigant qui agite, ni le politique qui combine, ni le scélérat qui bouleverse ; mais le grand Dieu, qui, du centre de son immutabilité, remue à son gré, comme vases d'opprobre, ou comme vases d'honneur, tous ces ministres, de ses vengeances ou de ses miséricordes ; que la coignée, suivant l'expression d'un Prophete, ne doit donc point se glorifier contre la main qui s'en Isa. 10. sert ; & que, soit au milieu des cris de la victoire ou des débris de la mort, vainqueurs & vaincus, tous doivent s'humilier devant l'Eternel, Roi du Ciel. Et ne pensez pas que ce soit ici un Prêtre seulement qui vous instruise ; c'est la voix de tous les peuples ; c'est la conscience de l'univers. Voyez ces nations belliqueuses qui ont autrefois figuré, avec tant d'éclat, sur la scène du monde, quoique privées de la connoissance du vrai Dieu, commencer toutes leurs entreprises sous les auspices de la Religion, & faire toujours présider le Ciel à la fortune publique. Ainsi il a survécu à toutes les vicissitudes ; il a toujours subsisté ce sentiment intime, qui invoque un Dieu arbitre & protecteur. Il a toujours été démenti par toutes les religions, l'impie qui, confinant l'Etre Suprême dans un sanctuaire inaccessible, d'où son influence ne sort point, n'en fait plus qu'un Dieu aveugle & sourd, que les malheureux ne peuvent plus implorer, puisque le despote peut le braver. De-là, chez tous les peuples cette piété nationale, qui n'étoit point une affection oisive ; cet empressement à prendre le Ciel à témoin de la justice de leurs guerres ; ces sacrifices solemnels offerts aux dieux des batailles & aux maîtres des destinées, ces drapeaux chargés des symboles du culte & des images de leurs Divinités : signes révérés qui exaltoient les efprits, & enflammoient les courages. Confervés, chez nos ancêtres, dans les bois facrés, pendant la paix, ils annonçoient, quand ils paroiffoient dans les camps, la préfence du Dieu tutélaire (1). L'honneur de les porter étoit la récompenfe de la valeur, & de la valeur fignalée par des exploits réitérés. Les profaner, ces Etendards, c'étoit, en profanant la Religion, profaner la Patrie. A peine l'armée avoit campé, qu'une tente particuliere, dreffée avec un recueillement religieux, recevoit ces Enfeignes Patriotiques, & devenoit, par ce dépôt, un afyle inviolable. Athéniens, Spartiates, Carthaginois, Egyptiens, Romains, Peuples policés & Peuples barbares, fi différens entr'eux par leur légiflation, leurs intérêts & leurs mœurs, ne fe croyoient invincibles que quand ils comptoient fur une protection divine. Ils ne penfoient pas dégrader la Divinité, en l'affociant à leurs guerres. Tant la Religion, quoique obfcurcie par les préjugés, & corrompue

---

(1) Tacit. mor. Germ.

par le crime, eſt commandée par le ſentiment intime ! Tant ce ſentiment intime, qui tire tout de Dieu, & lui rapporte tout, a toujours été conſacré par la foi de tous les ſiécles ! Et en effet, ſi Dieu exiſte, & pourroit-il ne pas exiſter ? comment oſa-t-il mentir à la nature, & à ſon propre cœur, celui qui, le premier, conteſta l'exiſtence au principe viſible & fécond de tous les Etres ? S'il exiſte, ce Dieu créateur, n'auroit-il jetté ſur la terre l'homme, ſon chef-d'œuvre, que comme la brute, pour en faire un aveugle & un ingrat, à qui il fût étranger ? Non, certes, l'homme n'exiſte que pour Dieu ; & puiſqu'il ne fait que paſſer ſur la terre, il doit avoir une deſtinée céleſte, comme ſon origine. Qu'à ce Dieu, principe unique, appartienne donc toujours le

Apoc. 1. 6. *regne & la gloire.* Et l'homme, que les circonſtances dominent de tout côté avec tant d'empire, l'homme que tout avertit de ſa foibleſſe, pourroit-il ſe ſentir humilier par une dépendance qui l'honore, par une invocation, qui tout-à-la-fois le fortifie & le conſole ? Qu'il ſera fort !

qu'il

qu'il fera terrible aux ennemis de la Patrie, lorfqu'il pourra dire, comme le Saint Roi David : C'eft le Dieu des armées qui arme mes mains, & qui dirige mes fléches ! Pfal. 134.

Cette religion militaire, nationale chez tous les anciens peuples, pouvoit-elle ne pas avoir la même autorité fur nos religieux ancêtres ? Oh ! quel appareil préparoit le combat, toutes les fois qu'une aveugle fureur n'étoit pas l'unique dieu de la vaillance ! C'étoit fur les autels qu'ils venoient prendre l'Etendard qui devoit rallier les défenfeurs de la Patrie. Cette augufte (1) dépouille du S. Evêque, qui avoit rempli fon fiécle du bruit de fes prodiges, & dont le nom étoit devenu, dans les fiécles fuivans, le cri de tous les malheureux qui imploroient le Ciel; cette Oriflamme, que l'on repofoit avec tant de pompe, fur les cendres des SS. Apôtres de la France, étoient, pour nos peres, les gages de la protection divine fur leurs armes, & les monumens de leur religieux patriotifme. O fiécles antiques, que notre orgueil appelle fiécles barbares, vous avez eu, je

---

(1) La Chappe de S. Martin.

l'avoue, de funestes préjugés, vous avez offert de grands scandales ; mais, malgré cette barbarie que l'on vous reproche, je vous appelle, moi, siécles de grandeur & de gloire, puisque Dieu, sa Vérité, ses Saints étoient le premier objet des pensées publiques. Sans doute alors l'homme étoit grand, puisqu'il croyoit avoir toujours Dieu pour témoin, & une espérance aussi grande que Dieu ; puisque, malgré ses ridicules, ses erreurs & ses vices, qui d'ailleurs annonçoient, la plupart, un grand caractere, une ame vigoureuse, tout ennoblissoit aux yeux des Peuples, cette foi consolante qui lie la terre avec le ciel.

Mais oublié-je devant qui je parle ? Aujourd'hui les Héros de la Patrie remplissent le Sanctuaire, offrent au Dieu des armées leurs Etendards pacifiques, & sollicitent nos bénédictions. C'est au feu de l'Autel qu'ils viennent allumer leur courage & durcir leurs bras, ces bras qui vont être à jamais l'espoir des Citoyens & l'effroi des pervers. Ah ! Ils vivent donc dans vos cœurs, mes freres, les sentimens religieux qui peuvent seuls attirer sur vos efforts la protection divine. L'intéressant spectacle que vous offrez en ce moment au ciel qui vous approuve, & à la terre qui vous bénit ! « Que tes » tentes sont belles, ô Jacob ! Que tes » pavillons sont merveilleux, ô Israël ! »

Protecteur immortel de cet Empire, sur lequel vous régnez depuis tant de siécles, & par ses hommages & par vos bienfaits ; vous, le plus grand de nos Rois, puisque vous avez été le plus saint, ô Louis IX, présentez vous - même au Roi des Rois nos vœux ardens ; attirez sur cette légion valeureuse ses regards propices ; que ces Drapeaux, devenus, par nos paroles sanctifiantes & par l'enthousiasme de nos Tribus, les Drapeaux de la concorde, en assurent par - tout le regne. Non, ils ne seront jamais teints de sang ; leur seul aspect intimidera l'audace, & allumera le remords. Comme vous, ô grand Roi, nos Citoyens ne se sont armés que *pour conquérir la paix* (1).

Elle est presque conquise. Ils ont fui devant vous de cette Cité Royale, les

―――――――――――――――――
(1) Expression de S. Louis, au retour de sa premiere guerre. JOINVILLE.

brigands dont la vague fureur y avoit d'abord jetté le trouble. Par vous le calme nous a été rendu. Qui oseroit calomnier votre sainte confédération? C'est pour la sûreté de nos foyers, pour le salut de vos épouses, de vos enfans; c'est pour la majesté du culte divin, pour le salut public que vous avez pris les armes. C'est la Patrie aux abois qui a retenti dans vos ames sublimes; & le RESTAURATEUR DE LA LIBERTÉ FRANÇOISE, le grand ROI, qui n'a encore combattu que pour assurer celle d'un grand Peuple, a répondu à vos cris. Il est venu porter son trône au milieu de vous; il a daigné arborer cette décoration glorieuse, symbole du dévouement; & dans l'enthousiasme de son cœur, il a semblé vous dire, comme l'Etre Suprême : Soyez libres sous le joug des loix. Qui oseroit donc encore calomnier votre sainte confédération ? Sur nos Communes veille, comme une intelligence supérieure, ce Magistrat Citoyen, qui ne doit qu'à l'estime publique la dignité dont il est revêtu; qui, après avoir proclamé la liberté par son éloquence, a mérité de nous en préparer les fruits par sa sagesse. A la tête de vos Escadrons invincibles brille de tous les rayons de la gloire ce nom consacré, depuis tant de siécles, dans nos fastes, CE JEUNE HÉROS que le Ciel semble avoir suscité pour affermir la liberté de l'univers, & à qui il ne manquera que l'honneur d'avoir percé la foule pour s'élever. L'hérédité de la noblesse, si absurde aux yeux du Chrétien, force ici son respect, & ravit le Citoyen sensible, puisqu'elle n'est qu'une succession de patriotisme (1), de génie (2) & de

---

(1) Gilbert de la Fayette, Maréchal de France, se distingua à la défense d'Orléans, contre le Comte de Salisburi, à la bataille de Beaugé, & à la journée de Verneuil, & contribua beaucoup à chasser les Anglois du Royaume.

(2) Marie-Madeleine, Comtesse de la Fayette, si connue dans le siécle dernier, par ses ouvrages & par ses relations avec les plus beaux esprits de son temps, & dont Me de Sevigné fait un portrait si intéressant. « Zaïde, la Princesse de Cléves, la » Princesse de Montpensier, &c. furent les premiers » Romans, dit l'Auteur du siécle de Louis XIV, » où l'on vit les mœurs des honnêtes-gens, & des » aventures naturelles décrites avec grace. Avant » elle on écrivoit, d'un style empoulé, des choses » peu vraisemblables ».

vertu (1); ô Louis, ô Bailly, ô la Fayette, recevez même devant nos autels l'hommage de notre reconnoissance & de notre admiration. Ainsi Athènes & Lacédémone mêloient les louanges de leurs défenseurs à celles de leurs dieux; ainsi l'Eglise, dans ses Conciles, offre à la vénération & à l'amour de ses enfans les noms des princes & des héros à qui elle doit sa liberté & sa paix.

Sous ces auspices puissans ces deux biens vont nous être assurés. Eh quel souffle homicide pourroit désormais infecter l'air pur de ces contrées ? Vive l'Eternel, mes freres, si les dernieres convulsions du despotisme expirant, si les secousses, qui ont retenti aux quatre

_____

(1) On ne peut penser, sans attendrissement, à cette vertueuse Louise de la Fayette, Fille d'Honneur d'Anne d'Autriche, & si digne de titre. On sait que Louis XIII, accablé des fers de Richelieu, puisoit des consolations dans ses entretiens avec Mlle de la Fayette. Cette fille forte ne s'apperçut pas plutôt du tendre intérêt que le Monarque lui inspiroit, & des risques que couroit sa sagesse, qu'elle alla se renfermer chez les Visitandines, où elle prit le voile.

extrémités de la France, font *une de ces tempêtes par où*, suivant l'expreſſion d'un grand homme (1), *le Ciel a quelquefois beſoin de ſe décharger ;* nous devons auſſi les regarder comme le *travail* du Créateur, qui veut nous régénérer, en ſuſcitant un ordre nouveau. Tout la favoriſe, tout la précipite, cette révolution vivifiante, & les paſſions qui la redoutoient, & les obſtacles qui ſembloient devoir l'éloigner à jamais. Adorable diſpoſition de la providence ! Mes freres, ſoutenons la hauteur de nos penſées. C'eſt Dieu qui a voulu ſignaler & ſa ſageſſe & ſa puiſſance, & ſa juſtice & ſon amour, & nous conduire au bord du plus effroyable des abîmes, pour nous faire ſentir que contre lui toute force eſt foibleſſe, & que le crime, qui l'outrage le plus, devient, en dépit de ſes ennemis, l'inſtrument qui fait le plus éclater ſa grandeur. Mais éloignons enfin, malgré ce belliqueux appareil, toute idée qui pourroit altérer l'union fraternelle qui doit nous lier tous. Dans ce ſanctuaire de la charité,

---

(1) Boſſuet, Or. Fun. de la Princ. Palat.

sur ces autels où s'immole la victime de propitiation, immolons tous les sentimens qu'elle réprouve. Un grand cœur n'insulta jamais à un ennemi confondu ; un Chrétien le plaint & le chérit. Qu'il n'existe donc, le souvenir de nos allarmes, que pour élever nos ames attendries vers la Bonté Divine, qui les a dissipées. Honorons la miséricorde de notre pere, par celle que nous exercerons envers nos freres. Ce ne sera pas nous qui dirons, comme le Prophete : « Nous » avons attendu la paix, & la paix n'est » pas venue. Nous pensions être arrivés » aux jours des consolations, & voici » encore des troubles. » Une harmonie miraculeuse va asseoir sur des bases solides une paix immuable. L'égalité est établie, mes enfans, vous dit l'Eglise, par la bouche de l'Apôtre : « Mettez le » comble à ma joie, en vous réunissant » tous dans les mêmes affections & dans » les liens de la même charité. » La grande famille de la Patrie n'aura bientôt plus qu'un cœur, puisqu'elle n'a déja plus qu'un intérêt, l'intérêt de tous. O jour, qui va devenir l'orgueil de nos

Jerem. 14.

Philipp. 2.

annales, & la fête de l'humanité, jour à jamais mémorable où tous les Ordres de l'Etat, réunis en un seul, ont consolé la nature & la religion par ce concert unanime des sacrifices les plus héroïques! Que Rome cesse de nous vanter son patriotisme. Elle vit, au milieu de ses grandes crises, des Soldats magnanimes refuser le salaire du sang qu'ils lui prodiguoient, des Citoyens généreux, des Femmes vraiment romaines apporter au Trésor public ce qu'ils avoient de plus précieux, confondre leur fortune avec celle de la République........ Offrons-nous à l'univers un spectacle moins admirable? Ce n'est point ici une contribution momentanée, commandée par le péril commun, ou arrachée par la violence; c'est une offrande volontaire; c'est un sacrifice éternel. Sublime enthousiasme du patriotisme, vous avez divinisé les ames. Puisse, ce feu sacré, ne s'éteindre jamais ! Puisse sa flamme, toujours plus active, étouffant toutes les passions desséchantes, ne faire, de la France entiere, qu'un peuple de freres, heureux par leur bonheur mutuel, &

l'éternel objet de l'admiration & des refpects de l'Europe. Ils n'ont abjuré que de vains priviléges, ces Patriciens refpectables ; ils ne feront plus nos maîtres ; ils ont acquis une gloire plus digne d'eux; ils feront nos freres ; ils régneront fur nos cœurs. « Si l'éclat de la lune, dit » l'Efprit-Saint, devient femblable à » celui du foleil, la fplendeur du foleil » devient fept fois plus éclatante. » Ils vont donc difparoître, ces abus monftrueux, qui provoquoient l'indignation du fage & la vengeance des lois ; ces préjugés, enfantés par l'infolence, & accrédités par la baffeffe, qui établiffoient une diftinction odieufe entre les enfans de la même mere, prodiguoient à l'un les richeffes & les honneurs, & ne laiffoient ordinairement à l'autre que l'honneur de fervir fans récompenfe & fans efpoir. On ne verra plus ces barrieres que le mérite, fans ayeux, ne pouvoit franchir, & qui cédoient prefque toujours à l'intrigant, pétri d'orgueil & de vices : elles tomberont..... & un ordre nouveau abfoudra enfin, aux yeux de l'impie, cette providence adorable qu'il pouvoit, en

Ifa. 30.

quelque forte, méconnoître l'heureux avenir qui s'offre à notre espérance ! Lorsque l'habitude du bonheur en aura affoibli le sentiment dans nos neveux, l'histoire parlera. Avec quelle sensation délicieuse l'œil du philosophe, fatigué de cette longue suite d'oppressions, de crimes & de malheurs, qui ont si long-temps pesé sur la France, va se reposer sur cette époque consolante ! Que cette belle fraternité regne à jamais parmi nous. Que *le Dieu qui nous a appellés pour vivre dans la* I. Cor. 7. *paix, & qui reçoit dans les demeures éternelles ceux qui n'ont qu'un même esprit*, écarte Psal. 67. de nous tous ses fléaux destructeurs.

Mais quelles importunes frayeurs viennent se mêler, malgré nous, à nos chants de triomphe ! O mes freres, mes chers freres, supportez un instant les allarmes de notre Patriotisme. Que deviendroient & vos succès passés, & vos brillantes espérances, si des divisions intestines alloient suspendre vos opérations ; si, après avoir fait pâlir d'abord, de surprise & d'épouvante, vos lâches ennemis, vous tombiez, sans vous en appercevoir, dans des piéges non moins funestes ? Ah !

malheur, malheur si une fatale mésintelligence, déconcertant le zèle du héros qui vous commande, dégoûtoit enfin sa grande ame ; si de misérables rivalités vous faisoient disputer à qui aura un grade supérieur ? L'honneur du François n'est point d'avoir le pas sur ses freres, mais de faire trembler l'Ennemi ; il ne consiste point à donner des ordres, mais à les exécuter pour la gloire de la Patrie, & à faire taire toutes les passions devant cette idole des grands cœurs. Vauban vouloit servir sous la Feuillade ; Boufflers demanda d'obéir à Villars ; & Catinat, injustement dépouillé du commandement par Villeroi, mit sa gloire à seconder son présomptueux rival. « Je tâche d'oublier ma disgrace, » écrivoit-il à un ami, afin d'avoir la » tête plus libre dans l'exécution des » ordres du Maréchal : je me mettrai jus- » qu'au cou pour l'aider. Les méchans » seroient outrés, s'ils savoient jusqu'où » va mon intérieur à ce sujet. » Ainsi ont parlé, ainsi ont agi les héros Citoyens : je ne vous propose pas ici ceux de Sparte & de Rome ; je ne cite que des François,

& des François ont-ils befoin d'autres modeles. O mes freres, mes chers freres, je vous le dis encore, comme l'Apôtre, fupportez le poids de mon zèle : *fed & supportate me.* II. Cor. II. Voudriez-vous que l'Europe, maintenant étonnée de votre grandeur, s'étonnât enfuite de votre chûte, & dît de vous ce qui eft rapporté dans l'Evangile. « Ils ont commencé un « édifice, mais ils n'ont pu l'achever. » La Luc. 14. Liberté que vous avez conquife ne peut être affermie que par le concert des volontés & des efforts. De tous les maux que la colere célefte peut verfer fur un Empire, le plus funefte, c'eft cet efprit d'étourdiffement dont parle un Prophête, cette anarchie affreufe où le Citoyen voit autant d'ennemis ligués contre lui, qu'il y a d'audacieux & de fcélérats, & où tout invite à l'audace, & tout favorife la fcélérateffe. Il vaut mieux gémir fous le fceptre d'un Defpote, qui peut quelquefois être jufte, que d'avoir fans ceffe à lutter contre une foule de tyrans, qui ne le font jamais. Braves Citoyens, vous ne dégénérerez pas de vous-mêmes. De hautes deftinées, vous font promifes. Vous ne les accomplirez que par une intelligence parfaite avec vos freres. Ne perdez jamais de vue l'Etendard de la Fayette ; c'eft l'Etendard de la Nation & de fon Roi ; c'eft donc l'Etendard de l'honneur. Ainfi diffiperez-vous toutes nos allarmes ; ainfi pourrons-nous répéter : L'HEUREUX AVENIR QUI S'OFFRE A NOTRE ESPÉRANCE !

Mes freres, le Seigneur a déja fignalé, pour nous, la force de fon bras. Un vœu nous refte à former, il renferme tous les autres : qu'il fignale maintenant ; qu'il épuife fa toute-puiffance, en ranimant parmi nous le flambeau de la foi & l'amour des vertus qu'elle commande ; fans les bonnes mœurs, que font les Empires les plus floriffans ? & fans les motifs de la Religion, que font les mœurs ? Ennobliffons donc notre patriotifme par notre foi : foutenons notre foi par notre patriotifme. Le trône ne verfe aujourd'hui fur nous que des lumieres pures. Hélas ! ce trône, toujours fi puiffant pour répandre de mortelles influences, ne feroit-il fans crédit que pour propager l'empire de la vertu ? Verrions-nous encore le vice lever fa tête altiere, fignaler fon audace par fes ravages ? Verrions - nous toujours l'antique fimplicité flétrie par l'opinion, l'effronterie infulter à la décence, nos théâtres fouffler la corruption ? Verrions - nous toujours l'impiété & le fanatifme qu'elle infpire, plus turbulent, plus meurtrier cent fois que celui qu'elle a banni, s'agitant fans ceffe pour ridiculifer le zèle qui réclame contre fes attentats ? Seroit-elle éternelle parmi nous, cette époque défaftreufe, où l'homme paroît ne s'avancer vers les lumieres que pour fe précipiter dans des abîmes ? Le fage qui ne voit rien de plus grand que les intérêts de l'éternité, feroit - il donc toujours réduit à regretter ces temps d'ignorance & de barbarie, où le génie languiffoit fans gloire, mais où il ne s'élançoit pas avec audace, où les mœurs manquoient peut - être d'aménité, mais où elles avoient moins de licence ? Ah ! faudroit-il donc le prononcer enfin, cet anathême de la vertu ? Quelque utiles que foient les arts & les fciences, oublions-les, flétriffons-les plutôt, fi nous ne pouvons les cultiver fans en abufer ;

& puifque notre inquiétude ne peut pas fe foutenir entre deux excès, retombons dans la barbarie : l'ignorance eft préférable au faux favoir ; l'excès de la croyance, au fcepticifme ; & la rufticité des mœurs, aux vices brillans qui les corrompent. Dieu de nos peres, foyez encore le nôtre : ne mettez pas de mefure à vos dons ; &, tandis que la France va fe régénérer par fes lois, faites que fes nouvelles lois, vivifiées par votre efprit, ramenent parmi nous, avec la docilité de la foi & la pureté des mœurs, nos antiques jours de gloire.

Ainfi foit-il.

De l'Imprimerie de la Veuve HÉRISSANT, rue Neuve Notre-Dame.

www.ingramcontent.com/pod-product-compliance
Lightning Source LLC
Chambersburg PA
CBHW060952050426
42453CB00009B/1169